Karen Christine Angermayer

Silberflosse
Hilferuf der Delfine

Bisher erschienen:

Band 1: Der Lichterschatz der Delfine
Band 2: Der Zauber der Fantasie
Band 3: Die Rettung der Mondfische
Band 4: Die Perle des Seesterns
Band 5: Hilferuf der Delfine

Karen Christine Angermayer

Silberflosse
Hilferuf der Delfine

Illustriert von Lisa Althaus

ISBN 978-3-7855-7237-5
1. Auflage 2012
© 2012 Loewe Verlag GmbH, Bindlach
Umschlag- und Innenillustration: Lisa Althaus
Umschlaggestaltung: Christian Keller
Printed in Spain

www.loewe-verlag.de

Inhalt

Verschlafen! 12
Ein Taxi ohne PS 18
Flinke Scherenfinger 27
Ein riskantes Spiel 38
Marie geht aufs Ganze 53
Volle Kraft voraus! 67

Für Johannes und Nike

Es tönen die Wellen, es flüstert der Sand:
Sechs Perlen verschwanden durch gierige Hand!
Ganoven ohne Scheu und Ehre
raubten die Schätze der Hüter der Meere.

Harko, dem Haifisch, und seinen Kollegen
ist jetzt und für immer das Handwerk zu legen!
Doch wer wagt den Kampf, ohne Schutz, ohne Schild?
Das kann nur, wer diese Bedingung erfüllt:

Ein Herz voller Reinheit, glasklar der Verstand,
mit Liebe zum Wasser, zum Himmel, zum Sand.
Dazu ein treuer Freund mit Magie …
Das Meer sei mit dir, Marie!

Verschlafen!

Ein Sonnenstrahl kitzelte Marie im Gesicht. Sie lag im Bett und hatte die Augen geschlossen. Der Sonnenstrahl kitzelte sie erneut. Marie rubbelte sich die Nase und zog die Decke über den Kopf.

„Ach, du liebe Zeit! Es ist ja schon nach zehn!", hörte sie ihren Vater im Flur rufen. „Wie konnte denn das passieren? Hat unser Wecker nicht geklingelt, oder was? Mensch, ausgerechnet heute, wo ich diesen wichtigen Termin mit einem Kunden habe!" Er flitzte zwischen Bad und Schlafzimmer hin und her.

„Ich habe auch das Gefühl, dass ich kaum geschlafen habe", hörte Marie ihre Mutter im Flur gähnend sagen. Dann wurde die Stimme plötzlich lauter. „Guten Morgen, Schlafmütze! Wolltest du nicht mit mir und Oma in die Stadt fahren?" Maries Mutter tauchte mit verstrubbelten Haaren im Türrahmen auf.

Marie schüttelte unter der Bettdecke den Kopf. Sie war auch noch sooo müde! Anscheinend hatte ihre Mutter das Zeichen verstanden. Sie verschwand wieder.

„O nein!", hörte Marie sie kurze Zeit später aus dem Wohnzimmer rufen. „Meine Blumen! Und die Orchideen von Frau Becker! Die sind ja alle ganz schlapp. Dabei hab ich sie doch gestern erst gegossen!"

Maries Mutter hatte eigentlich ein sehr gutes Händchen für Pflanzen. Deshalb hatte ihr Frau Becker, die Nachbarin, alle ihre Orchideen anvertraut, während sie im Urlaub war.

Marie hörte ihren Vater im Bad lachen.

„Was gibt's denn da zu lachen? Das ist eine Katastrophe!", rief Maries Mutter verzweifelt.

Maries Vater kam aus dem Bad. „Ich lache doch nicht über dich. Hör mal auf das Radio. Der Moderator schnarcht! Der ist mitten in seiner Ansage eingeschlafen!" Er lachte wieder. „Verrückt, oder? So, jetzt muss ich aber los. Tschüs, Schatz. Tschüs, Marie!", rief er ein bisschen lauter, damit Marie ihn hören konnte.

„Tschüüüs ...", murmelte Marie unter der

Decke. Sie war fast schon wieder eingeschlafen, als plötzlich eine zauberhafte Melodie erklang. „Wie schön", dachte Marie, bereits halb im Traum.

Die Musik kam aus einer rosa Muschel, die auf ihrem Nachttisch lag. Sie war so groß wie eine Walnuss und gedreht wie ein Schneckenhaus. An ihrer spitzen Seite war ein feines goldenes Band befestigt.

Silberflosse hatte sie ihr bei ihrer ersten Begegnung geschenkt. Silberflosse war ein Delfin. Und zwar nicht irgendein Delfin, sondern ein magischer Delfin mit fantastischen Zauberkräften. Zusammen mit ihm hatte sie unter Wasser schon spannende Abenteuer erlebt und vier magische Perlen zurück in den Delfinpalast gebracht. Die Perlen waren nämlich von bösen Schurken geraubt worden.

Die Melodie der Muschel wurde lauter. Marie war plötzlich hellwach: Silberflosse! Sie hatten vereinbart, dass er sie durch das Lied der Muschel rufen würde. Immer dann, wenn die Delfine ihre Hilfe brauchten. Es war wieder so weit!

Sie schlug die Decke zurück, sprang aus dem Bett und schlüpfte in Jeans und T-Shirt. Dann streifte sie sich einen silbernen Armreif übers Handgelenk. Den hatte sie von ihrer Großmutter zum letzten Geburtstag geschenkt bekommen. Die Zaubermuschel hängte sie sich um den Hals.

„Bin mal kurz am Strand!", rief sie in Richtung Küche.

„Ich dachte, du wolltest noch schlafen",
antwortete ihre Mutter erstaunt.

„Jetzt nicht mehr!", rief Marie zurück.

Schnell lief sie die Wendeltreppe des Leuchtturms hinunter, in dem sie mit ihren Eltern wohnte. Dann rannte sie wie der Blitz zum Strand. Sie durfte keine Zeit verlieren!

Ein Taxi ohne PS

Tatsächlich wartete Silberflosse schon im Wasser am Ende des alten Holzstegs auf sie. Seine Flossen schimmerten silbern.

„Hallo!", rief Marie atemlos.

„Hab ich dich geweckt?", fragte Silberflosse grinsend. Maries Haar stand strubbelig nach allen Seiten ab.

Sie nickte lächelnd und ließ sich schnell auf seinen Rücken gleiten.

„Na, dann wirst du jetzt gleich richtig wach!", rief der Delfin und machte einen neckischen Sprung, bevor er mit ihr unter die Wasseroberfläche tauchte.

Marie quietschte. „He, das war gemein! Ich bin doch keine Rodeo-Reiterin!" Dank der Zaubermuschel konnte sie unter Wasser ganz normal sprechen und atmen.

Silberflosse schwamm schnell, sehr schnell. Es schien Marie, als wären nur ein paar Sekunden vergangen, bis sie das leuchtend rote Korallenriff erreichten: das Tor zum magischen Delfinreich.

Marie hätte gern mehr Zeit gehabt, um sich in der geheimnisvoll glitzernden Unterwasserwelt umzusehen, doch sie mussten sich beeilen. Polly Perlmutt erwartete sie bereits auf einem Platz, der aussah wie eine große Bushaltestelle. „Wal-Bahnhof" stand auf einem Schild, das mit Muscheln verziert war.

Polly Perlmutt war auch ein Delfin und die Hüterin der königlichen Schatzkammern. Die Schlüssel zu den Kammern waren in ihr hauchdünnes Kleid eingenäht.

„Wie gut, dass ihr da seid!", rief Polly, als sie Marie und Silberflosse erblickte. „Seht euch das an! Ist das nicht furchtbar?"

Was sollte furchtbar sein? Marie sah

nichts außer einem großen graublauen Felsen, der sich in der Mitte des Platzes erhob.

„Das ist Willy, unser Wal-Taxi", sagte Polly. Sie musste gähnen. „Ups, Entschuldigung! Ich habe heute schon zwei Tassen extrastarken Algenkaffee getrunken, aber es hilft nichts." Polly rieb sich mit ihren Flossen die Augen. „Willy sollte eigentlich heute Nacht schon losschwimmen. Seine Aufgabe ist es, die Gäste, die von weit her kommen, für die magische Sommernacht abzuholen", fuhr sie fort. „Aber er kann sich einfach nicht mehr bewegen! Was machen wir denn nun bloß?"

Jetzt erst sah Marie, dass der Felsen gar kein Felsen war, sondern ein Blauwal! Du meine Güte, war der riesig! Im Vergleich zu

ihm kam sich Marie wie eine Ameise vor.
Sie wusste aus ihrem Meerestiere-Buch,
dass Blauwale über dreißig Meter lang
werden konnten.

Sie ließ sich von Silberflosses Rücken
gleiten und näherte sich dem Wal vorsichtig.
Er hatte die Augen geschlossen und atmete
ganz flach. Auf seinem Körper hatten sich
Muscheln und Seepocken angesetzt.

„Wir vermuten, dass sein Zustand mit dem Verschwinden der Perle der Lebenskraft zu tun hat", sagte Polly. Sie musste schon wieder gähnen. „Das würde auch erklären, warum ich so müde bin. Dabei hab ich noch so viel zu tun für die magische Sommernacht!"

Die magische Sommernacht sollte in zwei Tagen stattfinden. Sie war das größte und schönste Fest im ganzen Delfinreich. Während der Sommernacht luden die Delfine ihre Zauberkräfte wieder auf. Darum war es auch so wichtig, dass in dieser Nacht alle magischen Perlen an ihrem Platz waren. Denn jede der Perlen stand für eine wichtige Eigenschaft der Delfine. Nur wenn alle vollzählig waren, konnte die Sommernacht gefeiert werden. Fehlte auch nur eine Perle, fiel das Fest aus. Marie wusste, was das bedeutete: Dann würden die Delfine ihre Zauberkräfte für immer verlieren.

„Habt ihr schon eine Idee, wo die Perle sein könnte?", fragte sie Polly.

Die Schatzmeisterin nickte. „Wir vermuten, dass sie bei einem von Harkos Ganoven ist."

Mit den „Ganoven" meinte sie die sechs

Assistenten von Harko Haifisch, dem mächtigsten Gegner der Delfine. Insgesamt sechs Perlen hatten die Diebe in seinem Auftrag aus den königlichen Schatzkammern geraubt. Doch weil die Perlen so schön waren, hatten die Ganoven sie selbst behalten, statt sie bei ihrem Chef abzuliefern. Vier Perlen hatten Silberflosse und Marie bereits gefunden und zu Polly zurückgebracht. Aber zwei fehlten noch.

„Wir finden die Perle!", sagte Marie entschlossen und kletterte auf Silberflosses Rücken.

„Viel Glück!", rief Polly und winkte ihnen nach. „Und nehmt euch in Acht vor Harko! Er soll wieder im Reich unterwegs sein, um die restlichen beiden Perlen zu suchen!"

Marie wusste, wie gefährlich Harko war. Bei ihrem letzten Abenteuer hatte sie ihn ganz aus der Nähe gesehen. Auf eine zweite Begegnung konnte sie gut verzichten.

Flinke Scherenfinger

Suchend schwammen Marie und Silberflosse durch das Delfinreich. Überall glitzerte und funkelte es geheimnisvoll. Plötzlich wurde Silberflosse immer langsamer.

„Was ist los mit dir?", fragte Marie.

„Ach, ich bin irgendwie nicht in Form heute", antwortete der Delfin. „Meine Flossen sind auf einmal schwer wie Blei."

Sie schwammen durch eine Straße mit hübschen bunten Geschäften. Doch im Gegensatz zu sonst herrschte kein fröhliches Treiben: Die Fische und Meerestiere, die unterwegs waren, schlichen müde an den Schaufenstern vorbei. Alle wirkten sehr erschöpft.

„Verzieh dich und lass dich hier erst wieder blicken, wenn du unsere Ringe zurückhast!", ertönte es plötzlich aus einem der oberen Stockwerke. Gleichzeitig stolperte ein junger Zebrafisch aus dem Haus neben ihnen. Er stieß fast mit Marie und Silberflosse zusammen.

„Oh Mann, das hab ich voll verbockt", sagte er zu sich selbst. Er kaute nervös auf seinen dicken Lippen.

„Was ist passiert?", fragte Marie.

Der Zebrafisch machte ein zerknirschtes Gesicht. „Ich hab unsere Verlobungsringe an Theo Taschenkrebs verloren. Ich war auf einmal so müde beim Spiel und da hat mich Theo besiegt."

„Theo Taschenkrebs ist ein Hütchenspieler und ein Betrüger, wie er im Buche steht", erklärte Silberflosse Marie. „Er ist dafür bekannt, dass er seine Mitspieler nach Strich und Faden über den Tisch zieht."

Marie hätte dem jungen Zebrafisch gern geholfen, doch sie mussten weiter. „Viel Glück", sagte sie mitfühlend und gab Silberflosse das Signal, wieder loszuschwimmen.

Aber schon nach wenigen Metern wurden sie erneut aufgehalten. Aus einem Gebäude, auf dem „Sand-Bank" stand, kam eine Feenbarsch-Familie mit acht Kindern. Ihre Körper waren ganz bunt. Sie sahen aus wie schwimmende Regenbogen.

Die Feenbarsch-Mutter schluchzte. „Wie konntest du nur unser Zuhause aufs Spiel setzen?" Der Feenbarsch-Vater sah niedergeschlagen zu Boden. „Ich weiß auch nicht, wie das passieren konnte", sagte er leise. „Ich war mir so sicher, dass ich gewinnen würde. Aber dann konnte ich die Augen kaum noch offen halten …"

„Und wo sollen wir jetzt wohnen? Hier auf der Straße, oder was? Wie konntest du dich nur auf diesen Theo einlassen?" Die Feenbarsch-Mutter sah besorgt auf ihre vielen Kinder, die auf dem Bürgersteig Fangen spielten.

Silberflosse wollte schon weiterschwimmen, da hielt ihn Marie zurück. Schon wieder dieser Theo … Das konnte doch kein Zufall sein!

„Sprecht ihr von Theo Taschenkrebs?", fragte sie die Feenbarsch-Frau.

Die Gefragte nickte und sah sie erstaunt an. „Woher weißt du das?"

Marie antwortete nicht. Stattdessen fragte

sie: „Was haltet ihr davon, wenn wir ihm alle zusammen einen Besuch abstatten?"

Silberflosse drehte seinen Kopf zur Seite und raunte ihr zu: „Was ist mit unserem Auftrag? Polly wartet doch auf uns ..."

Marie nickte. „Ich weiß, aber ich habe das Gefühl, dass Theo irgendetwas mit unserer Sache zu tun hat", sagte Marie. „Es ist doch komisch, dass alle um ihn herum fast einschlafen und er hellwach ist!"

Die Feenbarsch-Frau nickte. „Stimmt. Wir sollten uns diesen Kerl mal näher ansehen. Wo hast du mit ihm gespielt?", fragte sie ihren Mann.

„Am Brunnen vor den Muschel-Arkaden", antwortete der geknickt.

„Dann nichts wie los!", sagte Marie.

„Hey, wartet auf mich! Ich komme auch

mit!", rief plötzlich eine Stimme. Es war der junge Zebrafisch von vorhin. Er hatte das Gespräch zufällig mit angehört.

Gemeinsam setzte sich der Zug aus Marie, Silberflosse, den Feenbarsch-Eltern, ihren acht Kindern und dem Zebrafisch in Bewegung.

Am Brunnen vor den Muschel-Arkaden, einer großen Einkaufsmeile, hatten sich viele Fische und andere Meerestiere versammelt.

Als sie näher kamen, entdeckte Marie, dass die Leute um einen Taschenkrebs herumstanden. Dieser trug eine weiße Weste und einen weißen Hut. Außerdem rauchte er eine dicke Zigarre.

Marie staunte: eine Unterwasser-Zigarre! Wenn der Krebs – ohne Zweifel Theo Taschenkrebs – daran zog, bildeten sich weiße Wasserblasen. „Wie in meiner Lava-Lampe", dachte Marie.

Vor Theo lag eine alte Schatztruhe, deren Deckel geschlossen war. Darüber war ein schwarzes Tuch ausgebreitet, auf dem drei weiße Hütchen standen. In Blitzgeschwindigkeit schob Theo die Hütchen mit seinen

Scheren hin und her. Er wechselte ihre Positionen so schnell, dass man den Hütchen mit den Augen kaum folgen konnte. Als alle wieder in einer Reihe standen, hob er

eines an. Marie traute ihren Augen nicht. Unter dem Hütchen lag die Perle der Lebenskraft!

Zweifellos war dies die Perle, die sie suchten. Nur die magischen Perlen schimmerten so wunderschön, weil sie in ganz besonderen Muscheln heranwuchsen.

„Neues Spiel, neues Glück!", rief Theo Taschenkrebs und schaute auffordernd in die Menge. „Wer gewinnt die zehn Silbertaler?"

Jetzt erst sah Marie den schwarzen Hut, der neben der Truhe im Sand lag. Aus ihm blitzte eine Handvoll glänzender Silbermünzen. Es sah verführerisch aus. Kein Wunder, dass so viele Fische dafür ihren Besitz aufs Spiel setzten! Marie interessierte sich aber nur für die Perle. Doch wie sollte sie an sie herankommen? Theos Scheren sahen scharf aus. Sie hatte keine Lust, ihnen in die Quere zu kommen.

„Ich spiele mit!", rief sie plötzlich. Das war ihre einzige Chance, sich an die Perle heranzupirschen.

Neben ihr schnarchte ein großer Kugelfisch laut auf. Marie bemerkte, dass auch die anderen Zuschauer kurz vor dem Ein-

schlafen waren. Sie selbst musste ebenfalls gähnen. Nur Theo Taschenkrebs strotzte vor Energie. Kein Wunder, er hatte ja auch die Perle!

„Drück mir die Flossen", bat Marie Silberflosse und schwamm auf Theo zu. Ihr Herz schlug so laut, dass sie es in ihren Ohren hören konnte.

 Ein riskantes Spiel

„Was ist dein Einsatz?", fragte Theo.

Marie nahm den silbernen Armreif, den sie von ihrer Großmutter geschenkt bekommen hatte, von ihrem Handgelenk. Die Zuschauer, die noch wach waren, raunten auf, als sie Theo den wertvollen Reif übergab. Der Krebs leckte sich die Lippen und grinste siegessicher. Er hob die magische Perle mit einer seiner Scheren hoch, sodass jeder sie sehen konnte. Dann schob er sie unter das rechte Hütchen, von den Zuschauern aus gesehen.

Marie konzentrierte sich. Sie durfte dieses eine Hütchen auf keinen Fall aus den Augen lassen!

„Auf LOS geht's los!", sagte Theo. Er senkte seine beiden Scherenhände auf die Hütchen und vertauschte die Plätze des rechten und linken Hütchens. Dann legte er seine Scheren um zwei andere und vertauschte auch sie ... Immer schneller wurde er, sodass Marie ganz schwindlig wurde. War das in der Mitte noch das Hütchen mit der magischen Perle?

Theo vertauschte zwei weitere Hütchen, dann hob er die Scheren. Alle drei Hütchen standen wieder in einer Reihe wie zu Anfang des Spiels.

„Und? Welches ist das richtige?", fragte Theo herausfordernd. „Wenn du es weißt, gehören die zehn Silbertaler dir. Wenn nicht … gehört mir dein Armreif!"

Marie schlug das Herz bis zum Hals. Auch Silberflosse, der hinter ihr schwamm, wagte kaum zu atmen.

„Das rechte Hütchen. Ähm, ich meine, von dir aus das linke!", fügte Marie schnell noch hinzu und ballte gespannt die Fäuste. Hoffentlich lag sie richtig!

Theo machte eine gezierte Geste mit seiner rechten Schere und hob das besagte Hütchen hoch. Darunter war – nichts. Keine Perle. Grinsend hob Theo das Hütchen auf der gegenüberliegenden Seite hoch, von ihm aus gesehen das rechte. Ja, da lag sie. Die Zuschauer stöhnten mitfühlend auf. Marie hatte verloren!

Marie senkte traurig den Kopf, als Theo den Deckel der Schatztruhe anhob und ihren Silberreif hineinfallen lassen wollte.

Doch plötzlich hielt er inne. „Oder spielen wir noch 'ne Runde?"

Marie nickte. „Ja!"

Dabei dachte sie: „Aber ich brauche schnellere Augen, mit denen ich Theos Scherenhänden besser folgen kann!"

Hinter ihr stöhnte Silberflosse auf.

„Was ist mir dir?", fragte Marie besorgt.

„Ich bin plötzlich so müüüde", antwortete Silberflosse gedehnt. Er lag im Sand und hatte die Augen geschlossen. „Sagtest du was von ‚besseren Augen'? Hier sind sie …", flüsterte er. Kraftlos wedelte er drei Mal mit seiner Schwanzflosse.

Schon tauchte ein Teleskopfisch neben

ihnen auf. Sein langer, schlanker Körper schimmerte silbrig grün und seine Augen standen wie kleine Röhren nach vorn ab.

„Tag, bin Titus", sagte er knapp und grinste Marie an. „Du willst dir also meine guten Stücke ausleihen." Er sprach sehr schnell und schlängelte die ganze Zeit mit seinem Hinterteil hin und her. Seine Röhrenaugen schoben sich beim Sprechen nach vorn und zurück.

Marie starrte ihn verwirrt an. Was meinte er mit „ausleihen"?

„Okay, siehst nett aus. Ich geb sie dir", sagte Titus und, *schwuppdiwupp!*, nahm er seine beiden Augen vom Kopf und drückte sie Marie in die Hand. Sie waren warm und weich und bewegten sich in ihrer Handfläche wie zwei große Raupen. Marie ekelte sich ein bisschen. Und was sollte sie damit machen?

Titus hatte seine Augenlider geschlossen, als er weitersprach: „Pass bloß auf, dass sie dir nicht in den Sand fallen. Das knirscht immer so! Und jetzt setz sie endlich auf!", drängte der Teleskopfisch. „Ich will nicht ewig blind wie ein Maulwurf hier rumpaddeln!"

Marie starrte entsetzt auf Titus' Augen in ihrer Hand. Sollte sie wirklich ...? Und was geschah dann mit ihren eigenen Augen?

„Kannst *du* nicht für mich spielen?", fragte sie den Teleskopfisch.

Der schüttelte den Kopf. „Oh nein. Wir dürfen unsere Augen nie selbst für Glücksspiele einsetzen, sonst verlieren sie ihre Kraft", sagte er. „Das lernt jeder Teleskopfisch schon im Kindergarten."

„Also, ich mach dann mal Schluss, wenn keiner mehr mitspielt!", rief Theo Taschenkrebs genervt. Er war schon dabei, die Hütchen einzupacken.

Marie drehte sich schnell zu ihm um. „Nein, halt, warte! Ich spiele noch mal!"

Schnell hielt sie Titus' Augen vor ihre eigenen und führte sie immer dichter heran …
Plopp!, machte es plötzlich und seine

Röhrenaugen hatten sich an ihre eigenen angedockt.

Marie zuckte zusammen, doch schon bald fühlten sich Titus' Augen ganz normal an. Und, *wow!*, was war das? Sie konnte seine Augen ganz schnell nach allen Seiten bewegen, viel schneller als ihre eigenen. Das war ja fantastisch!

Silberflosse stöhnte erneut, diesmal noch kläglicher. „Beeil dich, bitte!", flüsterte er. „Meine Kräfte schwinden immer mehr. Und wir müssen noch zurück in den Delfinpalast …"

Marie erschrak, denn Silberflosse sah sehr schlecht aus. Seine Flossen schimmerten kaum noch und sein Körper war ganz blass. Anscheinend machte es ihm besonders viel aus, dass die Perle der Lebenskraft nicht mehr an ihrem Platz war.

„Es kann losgehen", sagte Marie entschlossen und sah Theo Taschenkrebs an.

Er schien nicht zu bemerken, dass sie andere Augen hatte als vorher, sondern fragte: „Dein Einsatz?"

Darüber hatte Marie nicht nachgedacht! Was sollte sie nehmen? Sie hatte nichts anderes mehr bei sich! Oder doch? Sie kramte in den Taschen ihrer Jeans und zog eine Taschenlampe in Form eines kleinen Fischs heraus. Die Lampe war ein Geschenk von Polly gewesen, das sie bei ihrem ersten Abenteuer bekommen hatte.

„Ich kann sie unmöglich aufs Spiel setzen", dachte Marie. Aber hatte sie eine andere Wahl?

„Diese Taschenlampe hier!", rief sie nach einer Weile und hielt sie hoch, damit jeder sie sehen konnte. Die Zuschauer, die noch wach waren, raunten ehrfürchtig auf. Jeder erkannte sofort, dass dies keine gewöhnliche Taschenlampe war, sondern ein Geschenk aus dem magischen Delfinpalast.

„Her damit!", sagte Theo. „Dann kann ich endlich auch im Dunkeln spielen!" Seine Augen glänzten gierig.

Marie schüttelte den Kopf. „Du bekommst sie erst, wenn du gewonnen hast."

„Auf LOS geht's los!", grunzte Theo mürrisch und machte wieder die gezierte Bewegung mit seiner Schere. Diesmal versteckte er die Perle unter dem linken Hütchen, von Marie aus gesehen dem rechten.

Marie hielt den Atem an und konzentrierte sich. Ihre Röhrenaugen schienen ebenso gespannt zu sein wie sie. Sie schoben sich aufgeregt vor und zurück und ließen das Hütchen mit der Perle nicht aus dem Blick.

Gerade, als Theo mit dem Spiel beginnen wollte, hörte man lautes Donnergrollen. Alle sahen sich um. Kam ein Gewitter auf? Doch das Donnern verklang so schnell, wie es gekommen war.

Theo senkte seine Scheren – und los

ging's: Blitzartig wechselte er die Position des Perlen-Hütchens nach rechts, nach links, in die Mitte, wieder nach rechts … Maries neue Augen folgten ihm pfeilschnell.

  Marie hielt den Atem an. Es schien zu klappen! Sie holte erst wieder Luft, als Theo seine beiden Scheren nach oben nahm. Das war das Zeichen, dass das Spiel zu Ende war. Jetzt standen die Hütchen erneut ordentlich in einer Reihe.

  „Und, welches ist das richtige?", fragte Theo herausfordernd.

  Marie dachte noch einmal kurz nach. Wenn Titus' Augen sie nicht getäuscht hatten, war es von ihr aus gesehen das rechte Hütchen.

  „Ich tippe noch mal auf rechts, also von

dir aus links!" Sie betete insgeheim, dass sie diesmal richtig lag.

Theo grinste wie einer, der glaubt, den Sieg schon in der Tasche zu haben. „Sicher?", fragte er Marie, um sie zu verunsichern.

Marie nickte. „Sicher!"

Theo hob das Hütchen hoch – und wurde blass. Unter dem Hütchen lag die magische Perle. Die Zuschauer applaudierten. Marie atmete auf. Sie hatte gewonnen! Schnell steckte sie ihre Taschenlampe wieder ein.

„Tja, auf die guten alten Glotzmurmeln von Titus ist Verlass, was?", grinste der Teleskopfisch neben ihr mit geschlossenen Lidern.

Theo Taschenkrebs hingegen war das Grinsen vergangen. Missmutig reichte er Marie ihren Silberarmreif.

Doch sie schüttelte den Kopf. „Ich will die Verlobungsringe der Zebrafische!" Sie nickte mit dem Kopf in Richtung des jungen Zebrafischs. Der machte große Augen.

„Was, echt jetzt?", fragte er fassungslos.

Theo grummelte etwas, das klang wie: „Soll mir recht sein." Dann hob er den Deckel seiner Truhe an, kramte darin herum und warf Marie die beiden Ringe vor die Füße.

Sie hob sie auf und gab sie dem Zebrafisch. „Sind das die richtigen?"

„Oh ja, Mann, hey, danke, das ist ja voll

krass!" Er umarmte Marie stürmisch und gab ihr mit seinen dicken Lippen einen Kuss auf die Wange.

Marie lachte. „Bedank dich bei Titus. Und mach das bloß nie wieder!" Dann drehte sie sich zu Theo um und sah ihn herausfordernd an. „Neues Spiel, neues Glück?"

Erneut ertönte das laute Donnergrollen, diesmal deutlich näher als beim ersten Mal.

Theo sah sich vorsichtig nach allen Seiten um, als würde ihn das Geräusch an jemanden erinnern, vor dem er sich fürchtete. Als das Donnern verklang, nahm er einen tiefen Zug aus seiner Zigarre und paffte eine Wolke weißer Wasserblasen aus. Dann stellte er die drei Hütchen wieder auf. Noch nie in seiner ganzen Spielerkarriere hatte er verloren. Das konnte er nicht auf sich sitzen lassen!

Marie geht aufs Ganze

„Um was spielen wir?", fragte Theo mit zusammengekniffenen Augen.

„Um das Haus der Feenbarsche", sagte Marie, ohne mit der Wimper zu zucken.

Neben ihr hustete Silberflosse. Er war noch blasser geworden und sah wirklich krank aus. Marie machte sich ernste Sorgen um ihn.

„Halt durch", flüsterte sie. „Noch zwei Runden, dann haben wir es geschafft!"

Silberflosse verstand nicht, doch Marie hatte keine Zeit, ihm zu erklären, was sie vorhatte. „Vertrau mir!", wisperte sie.

„Na gut, um das Haus der Feenbarsche", sagte Theo missmutig.

Die Feenbarsch-Mutter ließ vor Schreck einen kurzen, hohen Schrei los. „Alle Flossen drücken!", wisperte sie ihren Kindern zu.

Die Zuschauer wagten nicht zu atmen, als Theo die magische Perle unter dem mittleren Hütchen verschwinden ließ.

Er wollte schon loslegen, da hielt er noch mal inne. „Und was bekomme ich, wenn du verlierst? Die Taschenlampe reicht nicht!"

Marie überlegte, ohne seine Scherenhände aus den Augen zu lassen. Sie hatte nichts mehr bei sich außer der Zaubermuschel um ihren Hals ... Es half nichts: Sie hatte keine andere Wahl!

„Diese Muschel hier!", rief sie und hob die Zaubermuschel an ihrer Kette hoch.

Die Zuschauer raunten. Inzwischen waren

fast alle wieder wach. Maries Sieg schien ihnen neue Kraft zu verleihen.

Theo nickte zufrieden. Er wusste, dass er ein solches Angebot nie wieder bekommen würde. „Abgemacht", sagte er. Längst wirkte er nicht mehr so überheblich wie am Anfang. Dass es jemand geschafft hatte, ihn zu besiegen, nagte an ihm. „Auf LOS geht's los."

Marie hatte das Gefühl, dass sich Theos Scheren diesmal noch schneller bewegten. Fast hätte sie das Hütchen mit der Perle aus den Augen verloren. Sie musste sich wirklich zusammenreißen! Allerdings war das gar nicht so leicht, denn auch sie spürte, wie sie immer müder wurde.

Als die Hütchen zum Stehen kamen, war sie unsicher. War es wirklich das mittlere? Könnte es nicht auch eines der beiden anderen sein?

„Und?", fragte Theo scharf.

Marie zögerte. Ein falsches Wort und die Feenbarsch-Familie würde ihr Haus für immer verlieren! „Das mittlere!", sagte sie und biss die Zähne zusammen.

Theo sah sie durchdringend an. Seiner Miene war nicht zu entnehmen, ob Marie richtig lag oder nicht. Mit quälender Langsamkeit hob er das mittlere

Hütchen hoch. Darunter lag die magische Perle.

Die Zuschauer jubelten. Die Feenbarsch-Familie fiel sich glücklich in die Flossen.

„So, Feierabend!", rief Theo und wollte die Hütchen schon einpacken.

„Halt!", rief Marie scharf und löste sich sanft von der Feenbarsch-Frau. „Wir spielen noch einmal", befahl sie. Ihr Ton duldete keinen Widerspruch.

„Ach ja?", fragte Theo schnippisch. „Und um was, wenn ich fragen darf?"

„Wir spielen um die magische Perle."

In dem Moment, als sie „Perle" sagte, ertönte ein peitschender Knall. Blitze zuckten durchs Wasser. Alle Anwesenden erschraken.

Als Theo sich wieder gefasst hatte, sah er

Marie scharf an. Woher wusste sie, dass es eine magische Perle war? Dieses Menschenmädchen war ihm nicht geheuer.

„Gut", sagte er mit einem säuerlichen Grinsen, „aber dafür ist die Zaubermuschel nicht wertvoll genug. Ich will die Muschel und –", er dachte einen Moment nach. „Und ich will, dass du nie wieder einen Fuß ins Delfinreich setzt, wenn du verlierst!"

Die Zuschauer schrien vor Entsetzen auf. Silberflosse stöhnte.

Marie sah ihn traurig an. Sie konnte doch nicht so etwas Wertvolles wie die Freundschaft der Delfine aufs Spiel setzen! Dieses Glücksspiel war einfach schrecklich! Andererseits: Wenn sie die Perle der Lebenskraft nicht zurückholte, war ihren magischen Freunden auch nicht geholfen ...

„Also gut", sagte sie leise.

Theo nickte zufrieden. „Und deine Zaubermuschel kommt hierhin, bis das Spiel zu Ende ist!" Er klopfte mit einer seiner Scheren auf das schwarze Tuch.

Marie erschrak. Ohne die Muschel konnte sie unter Wasser nicht atmen und sprechen!

„Tu es", keuchte Silberflosse. „Für ein paar Atemzüge reicht die Kraft der Muschel, auch wenn du sie nicht um den Hals trägst. Und für ein paar weitere Atemzüge helfe ich dir ..." Er verstummte. Das Sprechen kostete ihn zu viel Kraft.

Marie holte noch einmal tief Luft. Dann löste sie die Zaubermuschel von ihrem Hals und übergab sie Theo. Der riss sie gierig an sich. Ein gemeines Grinsen überzog sein Gesicht.

„Bitte, bitte, helft mir noch einmal", flüsterte Marie ihren beiden Teleskopaugen zu.

Diesmal wandte Theo einen gemeinen Trick an: Er begann das Spiel, ohne ein Startzeichen zu geben. Schon war er dabei, die Hütchen zu verschieben. Wie gut, dass Titus' Augen aufgepasst hatten! Voll konzentriert verfolgten sie das Hütchen mit der Perle. Das stand mal auf der rechten Position, mal auf der linken, mittig, dann wieder links ... Theo schien immer schneller und schneller zu werden, denn plötzlich verschwammen die Hütchen vor Maries Augen und ihr wurde schwindelig ... Ihr ging die Luft aus!

  Silberflosse bemerkte, wie Marie anfing, hilflos mit den Armen zu rudern. Ihr Gesicht war krebsrot. Mit letzter Kraft machte Silberflosse seinen Mund auf und ein merkwürdiger Laut erklang – wie das Klagen eines Seehundbabys. Da öffnete die riesige Jakobsmuschel, die ganz in der Nähe lag, ihre Klappe. Heraus drang eine große Luftblase,

die auf Marie zuschwamm und sich schützend um ihren Kopf legte. Marie atmete tief ein und füllte ihre Lungen mit frischem Sauerstoff. Aber, oh nein, sie hatte das Hütchen aus den Augen verloren!

Theo, der inzwischen die Hütchen wieder in eine ordentliche Reihe gebracht hatte, grinste. Er hatte Maries Unsicherheit bemerkt.

„Und?", fragte er scheinheilig, fest davon überzeugt, dass Marie verlieren würde.

Marie überlegte fieberhaft. Vielleicht steckte ja ein System hinter Theos Spiel! Beim ersten Mal hatte die Perle unter dem linken

Hütchen gelegen. Beim zweiten Mal unter dem rechten, beim dritten Mal unter dem mittleren ... Wenn sie Glück hatte, lag sie jetzt wieder unter dem linken Hütchen wie beim ersten Spiel.

„Von mir aus links!", rief sie laut aus.

An Theos Miene sah man, dass Marie gewonnen hatte. Der Krebs kreischte wutentbrannt auf wie das Rumpelstilzchen im Märchen.

Marie reagierte schnell: Sie schwamm auf das linke Hütchen zu, nahm sich die Perle und steckte sie in ihre Hosentasche. Dann griff sie nach der Zaubermuschel und hängte sie um ihren Hals. Das war Rettung in letzter Sekunde, denn die Luftblase um ihren Kopf hätte nur noch für wenige Atemzüge gereicht.

Die Zuschauer applaudierten und gratulierten Marie zum dreifachen Sieg über Theo Taschenkrebs.

In diesem Moment kam das Wasser in Bewegung wie bei einem gewaltigen Sturm. Marie hatte Mühe, sich auf den Beinen zu halten. Und dann war er da: Harko Haifisch! Sein schlanker, drahtiger Körper glänzte wie Edelstahl, als er auf Theo zuschoss.

„Hab ich dich endlich, du Schurke!", schrie er. „Du glaubst wohl, du könntest die

Perle selbst behalten! Das hast du dir so gedacht! Niemand betrügt Harko Haifisch. Niemand!" Er riss sein riesiges Maul auf und packte Theos Panzer mit seinen messerscharfen Zähnen. Dann schoss er mit dem zappelnden und kreischenden Taschenkrebs davon. Theos Schreie verhallten in der Ferne.

   Marie, die sich an Silberflosse festgeklammert hatte, um nicht fortgespült zu werden, atmete erleichtert auf. Puh, das

war ja gerade noch mal gut gegangen! Sie umschloss die Perle in ihrer Hosentasche. Jetzt nichts wie zurück in den Delfinpalast!

Schnell gab sie Titus sein Augenpaar zurück. „Darf ich mir die bei der nächsten Mathearbeit noch mal ausleihen?", fragte sie lächelnd. „Ich meine, wenn ich mal nicht weiterweiß und schnell von Lisa abschauen muss ..."

Titus lachte. „Na klar, einfach Bescheid sagen!" Er verschwand so schnell, wie er gekommen war.

„So, jetzt aber los!" Marie drehte sich zu Silberflosse um – und erschrak: Der Delfin atmete nur noch ganz schwach!

Volle Kraft voraus!

Hilflos kniete Marie neben Silberflosse und strich über seine Flanken. Was konnte sie nur tun, um ihn und die Perle ganz schnell in den Palast zu bringen? Sie durften auf keinen Fall riskieren, dass Harko Haifisch zurückkam und sie hier fand!

Da spürte sie plötzlich, wie die Zaubermuschel um ihren Hals anfing zu zittern.

„Der Zaubersand!", dachte Marie. „Er hat mir schon so oft geholfen. Ob ich mit ihm wohl auch in den Delfinpalast gelange?"

Einen Versuch war es wert. Schließlich musste sie unbedingt Hilfe holen! Allein konnte sie Silberflosse ganz sicher nicht von hier wegbringen.

Rasch umschloss Marie die Muschel mit ihren Händen und machte die Augen zu. Dann wünschte sie sich ganz fest, so schnell wie möglich zu Polly Perlmutt zurückzukommen.

Ein Sirren ertönte, das Marie in den Ohren sauste. Ihr Körper fühlte sich an, als würde er schweben. Sie wagte nicht, die Augen zu öffnen, sondern dachte ganz fest an ihren Wunsch. Dabei stellte sie sich vor, wie sie gleich bei Polly landen würde.

„Hallo, da bist du ja!"

Marie öffnete die Augen. Vor ihr schwamm Polly Perlmutt. Es hatte geklappt! Allerdings war Marie nicht im Delfinpalast, sondern am Wal-Bahnhof angekommen. Hier hatte Polly auf Marie und Silberflosse gewartet.

Schnell übergab Marie der Schatzmeiste-

rin die Perle der Lebenskraft. Gerade wollte sie Polly von Silberflosse erzählen, da erklang ein gewaltiges Gähnen hinter ihnen. Das Wal-Taxi kam wieder zu Kräften! Langsam erhob sich der massige Meeressäuger.

„Jetzt kann Willy doch noch rechtzeitig auf Reisen gehen. Ich danke dir, Marie", lächelte Polly glücklich, bevor ihre Freundin etwas sagen konnte. Dann umschloss Polly Maries Hände mit ihren Flossen. „Möge dir dieses Andenken allzeit Gesundheit und ein langes Leben schenken."

Marie schaute in ihre Hände. Darin lag ein kleines Schildkröten-Ei, das in allen Farben des Regenbogens funkelte.

„Es ist wunderschön, Polly", sagte Marie nervös, „aber wir haben dafür jetzt keine Zeit! Wir müssen uns beeilen! Silberflosse ist in großer Gefahr! Wir müssen ihm helfen, sofort!" Schnell berichtete Marie Polly, was passiert war.

„Ich hole ihn", sagte das Wal-Taxi mit tiefer Stimme. „Möchtest du mitfahren?"

„Ja, natürlich!", rief Marie. Jetzt erst erkannte sie, dass an Willys Flanken kleine Fenster mit weißen Gardinen angebracht waren – wie bei einem richtigen Passagierschiff! Schnell schwamm Marie auf die Luke zu, die sich am Bauch des Wals geöffnet hatte.

Im Inneren sah es aus wie in einem großen, gemütlichen Café. Überall standen Tische und Stühle herum und es duftete nach Kuchen und Torten. Doch Marie konnte jetzt nicht ans Essen denken. Sie hatte solche Angst um Silberflosse. Hoffentlich ging es ihm nicht noch schlechter!

Das Wal-Taxi setzte sich mit einem lauten Tuten in Bewegung. Es schaukelte sanft, während es mit großer Geschwindigkeit durchs Wasser glitt.

Es dauerte nicht lange, da kamen sie zu der Stelle, an der Marie Silberflosse zurückgelassen hatte. Doch der Platz war leer.

Maries Herz begann zu rasen. Wo war Silberflosse nur? Sie war sich ganz sicher, dass sie sich hier von ihm getrennt hatte. War Harko Haifisch vielleicht doch zurückgekommen und hatte ihren Freund mitgenommen? Bei dem Gedanken stiegen Marie Tränen in die Augen.

„Hey, da seid ihr ja!", rief plötzlich eine sanfte Stimme, die Marie gut kannte.

„Silberflosse!" Marie lief auf den Delfin zu und umarmte ihn stürmisch. „Wie konntest du mir einen solchen Schrecken einjagen?!"

Beruhigend tätschelte Silberflosse Marie den Rücken und strich ihr sanft übers Haar. Er war wieder ganz der Alte. Seine Flossen

schimmerten silbern und seine Haut sah frisch und lebendig aus.

„Danke, dass du die Perle zurückgebracht hast", sagte er. „In dem Moment, als du sie Polly übergeben hast, ging es mir schlagartig besser. Na ja, und dann habe ich den Inhalt von Theos Schatztruhe an die ursprünglichen Besitzer verteilt. Der Gauner hatte ganz schön viele Dinge angesammelt. Nur eine Sache konnte ich noch nicht bei ihrer Besitzerin abliefern ..." Er stupste Marie am Handgelenk.

Marie sah auf ihr Handgelenk. Ihr silberner

Armreif! Den hatte sie vor lauter Aufregung um den Zebrafisch, die Feenbarsche und die magische Perle ganz vergessen!

„Komm, ich bring dich nach Hause, damit sich deine Eltern keine Sorgen machen müssen", sagte Silberflosse sanft.

Marie nickte. Sie winkte Willy zu, der langsam abdrehte und sich auf seine große Reise machte. Dann kletterte sie auf Silberflosses Rücken.

Als Marie atemlos die Stufen des Leuchtturms hochlief, war ihre Mutter schon wieder aus der Stadt zurück. „Na, war's schön am Strand?", rief sie aus dem Wohnzimmer.

Marie nickte. Eines Tages würde sie ihrer Mutter vielleicht erzählen, was sie erlebt hatte. Jetzt war es noch nicht so weit.

„Schau mal, meine Blumen haben sich alle wieder erholt! Sogar die Orchideen von Frau Becker sehen aus wie neu. Ist das nicht seltsam?" Maries Mutter strich mit der Hand über die zartrosa Blüten.

Marie lachte. „Nein, wieso? Ist doch ganz normal!"

Sie umschloss das glitzernde Schildkröten-Ei in ihrer Hosentasche. Wenn man einen magischen Freund hatte, konnten Wunder jeden Tag geschehen. Sie freute sich schon auf das nächste Abenteuer mit ihm!

Karen Christine Angermayer wurde 1975 in Arnsberg im Sauerland geboren. Schon mit fünf Jahren schrieb sie Geschichten – in Indianerschrift, die niemand lesen konnte (und sollte!). Heute ist sie Geschäftsführerin der Agentur Wort & Weise und arbeitet als freie Autorin, Ghostwriterin und Werbetexterin. Sie lebt in einem Weindorf in Rheinhessen, wo sie mit ihrer Familie das Landleben genießt – und die Autobahn zu drei großen deutschen Städten. Da das Meer nicht vor ihrer Haustür liegt, fährt sie, sooft sie kann, dorthin. Mehr zu der Autorin unter: www.wort-und-weise.de.

Lisa Althaus wurde in Österreich geboren. Sie studierte an der Universität für angewandte Kunst in Wien und an der Akademie der Bildenden Künste in München. Seit 1981 illustriert sie Kinderbücher. Nach über 20 Jahren in München lebt sie heute mit ihrer Familie in einem alten Haus in den Bergen und arbeitet als freie Künstlerin und Illustratorin.

Tauche mit Marie und Silberflosse ins Abenteuer ein!

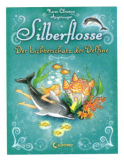

Band 1

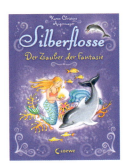

Band 2

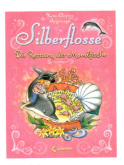

Band 3

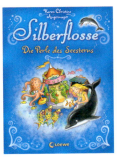

Band 4

Die Perle der Lebenskraft ist zurück im Delfinpalast. Doch erst, wenn alle sechs Perlen wieder vereint sind, kann die magische Sommernacht stattfinden. Wird es Marie und Silberflosse gelingen, auch die anderen Perlen zu retten?